Marielle Enders (u. a.)

# Weihnachtliche Mandalas

## STILL WERDEN UND STAUNEN

D1665946

## Stille Zeit, heilige Zeit?

Viele Menschen freuen sich das ganze Jahr auf Weihnachten. Die Sehnsucht, jetzt innezuhalten und den Zauber dieser ganz besonderen Zeit zu genießen, ist groß. Doch statt zur Ruhe zu kommen, nimmt für viele das Jahr zum Jahresende noch einmal so richtig an Fahrt auf. Zahlreiche Erledigungen stehen an, die Vorbereitungen auf das Fest laufen auf Hochtouren. Nicht selten fühlen wir uns getrieben von äußeren und inneren Ansprüchen, Erwartungshaltungen, Ritualen und vermeintlichen Zwängen, denen wir meinen, gerecht werden zu müssen. Schnell lassen wir uns vereinnahmen und geraten dabei in einen alljährlichen „Weihnachtstrubel". Wir spüren, dass uns der ursprüngliche Sinn von Weihnachten, Einkehr, Besinnlichkeit und Friede, mehr und mehr verloren geht. Stattdessen folgen wir einer Dynamik, die vorwiegend von Tradition, Gesellschaft und Konsum geprägt zu sein scheint und fügen uns in Rollen, Vorstellungen und Traditionen, die wir vielleicht gar nicht selbst mitgestaltet haben. Nicht ohne Grund fühlen sich viele Menschen kurz vor Weihnachten gehetzt, gestresst, fremdbestimmt und sind erleichtert, wenn die heiligen drei Tage vorbei sind.

Wie wäre es, einfach einmal innezuhalten und zu spüren?
Zu spüren, was da wirklich ist.
Innen wie außen. Die Augen zu öffnen,
um staunende Erkenntnis zu erfahren.

Als Kind hat jeder seine ganz persönliche Weihnachtserfahrung gemacht. Angefangen von Baumschmuck, der Art und Weise, wie das Fest gestaltet wurde – mit Musik, Kirchgang, Bescherung, Festessen im Kreis der Familie und Freunde. Der Zauber von Weihnachten mit all den Lichtern, funkelndem Schmuck und Geschenken hat seine Spuren in der Erinnerung hinterlassen und das eigene Bild von Weihnachten geprägt. Es gab Dinge, die immer so gemacht wurden, darum hat man nichts verändert. Hinterfragt wurden sie nicht.
Traditionen und Rituale geben Sicherheit, schaffen eine familiäre Verbindung und einen feierlichen, stimmungsvollen Rahmen der Begegnung. Das ist auch gut so – solange alles passt. Doch manchmal wächst man aus alten Traditionen heraus, wie aus einem alten Kleidungsstück.

Vor Jahren habe ich selbst diese Erfahrung gemacht und mich gefragt, ob das alte Gewand Weihnachten noch passt? Es erforderte etwas Mut, langgelebte, aber mittlerweile erstarrte Traditionen zu hinterfragen und andere damit vielleicht vor den Kopf zu stoßen. Doch es ist eine spannende und interessante Reise, wenn man beginnt, sich zu fragen, wie das ganz persönliche Weihnachten aussehen soll. Die Suche nach dem persönlichen Sinn von Weihnachten führt wieder zurück zur eigentlichen Bedeutung von Besinnlichkeit.
Wagen Sie einmal einen Versuch mit dieser kleinen Gedankenübung.

Was würde passieren, wenn Weihnachten einfach mal komplett auf den Kopf gestellt würde? Alle Vorstellungen, Wünsche, Erwartungen, Traditionen und Rituale beiseitegelegt würden. Kein müssen, sollen oder „das war doch immer so".
Stellen Sie sich einfach vor, Sie misten einen alten Schrank aus und breiten den ganzen Inhalt vor sich aus. Nehmen Sie sich Zeit zur Einkehr und stellen Sie sich die Frage: Wofür schlägt mein Herz? Ganz bewusst betrachten Sie jedes Detail und prüfen es nach Sinn und Bestand.

Was macht Weihnachten so besonders? Und was erscheint nicht mehr so wichtig? Bewahren Sie das, was Ihnen am Herzen liegt. Doch öffnen Sie sich auch für Neues. Vielleicht lösen Sie sich dabei auch von Dingen, die keine Bedeutung mehr haben. Tauchen Sie ein in Ihre innere Mitte und finden Sie Ihren neuen, ganz persönlichen Weg zu Weihnachten. Zum Innehalten und Ruhe finden ist dieses Buch ein wunderbarer Begleiter.

Wenn das Rad der Zeit sich mal zu schnell dreht, können Kreisbilder helfen, das Ganze wieder „rund zu machen". Mandalas haben eine alte Tradition in unterschiedlichen Kulturen, und sie wurden schon früher wegen ihrer ordnenden und beruhigenden Wirkung geschätzt. Die konzentrischen Ornamente vereinen unterschiedliche Strukturen und Formen. Vorwiegend bauen sich diese um ein Zentrum auf. Beim Ausmalen des Mandalas fügt man sich in vorgegebene Formen, die individuell ausgestaltet werden können. So ist jedes Mandala auch einzigartig – wie jedes Individuum, trotz Regeln und Normen ähnlich der vorgegebenen Formen. Machen Sie sich die Wirkung des Mandalas zunutze. Gerade in einer Zeit, in der die Sehnsucht nach Ruhe, Besinnlichkeit und Stille groß ist. Durch das meditative Ausmalen finden Sie Strich für Strich zurück zum eigenen Zentrum.

Wundervoll inspirierende Texte begleiten Sie bei der Reise zur eigenen Mitte – mitten in der hektischen Vorweihnachtszeit. So individuell wie Sie jedes einzelne Ornament mit Farbe ausgestalten können – so einzigartig können Sie auch Ihr Weihnachtsfest gestalten. Bei der Farbwahl folgen Sie einfach Ihrer Intuition. Malen Sie in Ihrem eigenen Tempo. Zeitdruck oder der Anspruch, das Mandala in einem Schritt komplett auszumalen, hat oft einen gegenteiligen Effekt und bringt eher Unruhe als Entspannung. Bei der Wahl der Stifte eignen sich Buntstifte. Duktus und Schraffur verleihen dem Bild einen eigenen Charakter. Bevorzugen Sie Filzstifte oder Aquarell, sollten Sie vorab einen Papiertest machen oder die Vorlage am besten kopieren. So können Sie das Mandala auch mehrfach ausgestalten oder mit der ganzen Familie und Freunden teilen.

Gestalten Sie sich Ihre ganz persönliche Weihnachtszeit mit Ruhe und Einkehr.

Gelassenheit und wohltuendes Innehalten mit kreativen Mandalamomenten wünscht Ihnen

*Marielle Enders*

# Advent

Was erwarte ich?
Was erhoffe ich?
Was wünsche ich?

Am Ende des Jahres
ruhig werden
innehalten

durchatmen
die Augen schließen
mir Zeit nehmen

und mich
genau das fragen

ab und an
muss man sich klar werden
über die Richtung

*Doris Bewernitz*

# Gerade jetzt

Gerade jetzt, in dieser Zeit, in der noch so viel geregelt, abgerechnet, organisiert werden muss, denn das Jahr geht zu Ende. Gerade jetzt, in dieser Zeit, in der mir einfällt, was ich doch alles versäumt habe, in der ich unbedingt noch dieses oder jenes ins Lot bringen möchte. Gerade jetzt, in dieser Zeit, in der es lauter und lauter um mich wird, Erwartungen sich überschlagen, äußere wie innere. Gerade jetzt, in dieser Zeit, der Zeit des „eben noch schnell" und des „dies muss noch sein", ja, gerade jetzt, zum Ende des Jahres hin, halte ich an. Schließe die Augen. Lausche. Höre mein Herz. Langsam schlägt es. Ruhig. Den Puls des Lebens, der mir sagt: Komm zu dir. Bleib bei dir. Verlasse dich nicht. Wie soll ich dich sonst finden?

*Doris Bewernitz*

# Jetzt

Jetzt
ist die Zeit
der Erwartung.
Jetzt
ist die Zeit
der Hoffnung.
Jetzt
ist die Zeit
der Vorfreude.
Jetzt
ist die Zeit
der Geborgenheit
und der Herzenswärme.

Nehmen wir uns
die Zeit.

*Marion Schmickler-Weber*

## Bereit

Diese Tage werden wertvolle Tage, wenn wir uns dem hektischen Treiben entziehen, Grenzen setzen und Nein sagen, bevor es zu viel wird; wenn wir uns auf das Wesentliche ausrichten, bereit werden für das, was uns geschenkt wird. Das fordert, dass ich mich selbst ernst und wahrnehme. Nur wenn ich ganz lebe, kann ich auch für andere ganz da sein.

*Max Feigenwinter*

# Neuer Anfang

Jetzt ist es Zeit für einen Neuanfang.
Ich will wahrnehmen, was ist,
mich erinnern, was war,
mir vorstellen, was sein wird.

Ich will mich aufmachen,
klären, was ungewiss,
annehmen, was war,
Neues wagen.

Ich bin bereit.

*Max Feigenwinter*

# Finde den Ort

Vielleicht geht dir
in der Mitte der Nacht ein Licht auf

Vielleicht hörst du unverhofft
eine neue Botschaft

Vielleicht ahnst du plötzlich
dass Friede auf Erden denkbar ist

Vielleicht erfährst du schmerzhaft
dass du Altes zurücklassen musst

Vielleicht spürst du
dass sich etwas verändern wird

Vielleicht wirst du aufgefordert
aufzustehen und aufzubrechen

Schweige und höre
sammle Kräfte und brich auf
damit du den Ort findest
wo neues Leben möglich ist

*Max Feigenwinter*

## Unterwegs zur Krippe

den stern wahrnehmen
in mir
und außerhalb
aufbrechen
immer wieder
das vertraute hinter mir lassen

einsamkeit und zweifel aushalten
als unumgängliche begleitung
vertrauensvoll
schritte tun
ins ungewisse

getrieben von der sehnsucht
nach verwandlung der angst
in liebe
getragen von der hoffnung
auf sinn und erfüllung

*Beate Schlumberger*

# Dem Stern folgen

Ich brauche Visionen
Sehnsüchte und Träume
die mir neues Leben verheißen

Ich brauche den Glauben
dass es mehr gibt
als ich zählen und messen kann

Ich brauche den Mut
Ja zu sagen und aufzubrechen
obwohl mir die Sicherheit fehlt

Du gibst mir Kraft
Bestehendes infrage zu stellen
sichere Strukturen zu verlassen

Du machst mir Mut
Risiken einzugehen
Neues zu wagen

Du bist mir Stern
Durch dich finde ich zu mir

*Max Feigenwinter*

# Unterwegs

Meinem Stern folgen
vertrauend
hoffend
mit offenen Sinnen
unterwegs bleiben

Meinem Stern folgen
auch wenn mir der Weg
zu lange
zu mühsam

Meinem Stern folgen
auch wenn mir der Weg
zu lange
zu mühsam
zu schwierig erscheint

Meinem Weg folgen
so
meine Aufgaben erfüllen
mein Ziel erreichen
neu leben

*Max Feigenwinter*

## Heilung

Wenn wir dem Stern
in unserem Herzen folgen
und darauf vertrauen,
dass wir einst dort ankommen werden,
wo sich Himmel und Erde vereinen,
dann wird uns das Licht der Heilung
an Leib und Seele erfassen
und uns endlich spüren lassen,
dass wir eins geworden sind
mit uns selbst.

*Christa Spilling-Nöker*

# Aufbrechen zur Hoffnung

Worauf warten wir? Auf Freude, auf Entlastung, auf
Veränderung, auf Begegnungen, die uns ermutigen und
beleben, auf Frieden, auf Trost? Oder sind wir resigniert
und wagen die Hoffnung nicht mehr, weil wir so oft schon
Enttäuschte waren? Menschen können nicht leben ohne
Hoffnung. Advent heißt aufbrechen zur Hoffnung,
zu einer Hoffnung, die unser ganzes Sein umfasst
und alles nur Vorläufige übersteigt.

*Antje Sabine Naegeli*

# Wandernde

Wir gehen durch das Dunkel
der Hoffnung entgegen.
Sie leuchtet und
zeigt uns den Weg.

Wir sind Wandernde
auf langen Pfaden,
immer wieder brechen wir
von Neuem auf.

Bisweilen schauen wir
uns auch ängstlich um,
ob der Stern noch leuchtet.
Er ist noch da!

Vielleicht werden wir
eines Tages am Ziel sein,
vielleicht werden wir es sein
oder andere nach uns.

Wir haben den Stern,
wir haben das Wort,
wir haben sein Versprechen,
wir sind auf dem richtigen Weg.

Wir gehen durch das Dunkel
der Hoffnung entgegen.
Das Licht leuchtet uns
und wir spüren es schon hier.

*Werner Milstein*

# Du, Licht vom Licht

Du, Licht vom Licht,
leuchte hinein
in mein Dunkel und meine Verzagtheit

Du, Licht vom Licht,
schenke mir Lichtblicke,
die mir meinen Lebensmut stärken

Du, Licht vom Licht,
erleuchte mein Herz und meine Sinne
fülle meine Leere mit lichtvollen Gedanken

Du, Licht vom Licht,
leuchte auf meinem Weg
hin zu meinem Nächsten

Du, Licht vom Licht,
geleite mich
auf den Pfaden des Friedens

Licht vom Licht,
sei Du das
Licht meines Lebens

*Gerhard Heilmann*

# Durch die ganze Welt

Wir durchschreiten stufenweise die ganze Welt,
Himmel, Erde, Sonne, Mond, Sterne, Weiden der
Wahrheit, Vergangenes und Künftiges, Gewässer,
Pole der Welt, Seele, Träume, Verkündigungen der
Einbildungskraft, Sprache, Zunge des Fleisches,
Stimme der Engel, Donner der Wolken,
Rätsel des Geheimnisses.
Und wir berührten Gott leise
mit dem vollen Aufschwung unseres Herzens.

*Augustinus*

## Die Mitte spüren

Anzukommen ist der Wunsch aller, die aufgebrochen sind.
Nehme ich mir etwas vor, hoffe ich, es auch zu erreichen. Mache ich mir
etwas zur Aufgabe, versuche ich, sie auch abzuschließen. Vieles davon ist
ein Ringen, und im Unterwegssein habe ich oft nur deshalb noch nicht die
nötige Energie, weil ich mir das Ziel ausmalen kann.
Erreiche ich dann schließlich mein Ziel, empfinde ich
Freude und Erleichterung. […]
Gerne verweile ich in der Mitte und spüre dieser Freude nach. Ich fühle,
was sich nun alles ineinanderfügt und alle langen Wege und Wendungen
hinter mir liegen. Nun kann ich alles als Teil der guten Reise betrachten.
Ich bleibe gerne länger, ruhe aus, führe ein Gespräch oder lasse mich für
einen Augenblick nieder. Doch in der Mitte zu bleiben ist nicht möglich und
es wäre auch gar nicht gut. Ich muss zurückkehren in meinen Alltag und
das, was ich erreicht und gewonnen habe, muss ich im Herzen mitnehmen
und in mein Leben hineinweben. Die Mitte fühlt sich gut an, doch jeder
Aufenthalt an einem besonderen Ort hat seine Zeit, und die Zeit ruft mich
aus der Mitte heraus.

Die Mitte bleibt auch im Sturm still.

*Gernot Candolini*

# Gehalten

Ich fühle mich der Mitte nahe,
wenn mich eine Lebenskraft
und Lebenslust von innen heraus führt,
wenn ich geistesgegenwärtig und wach da bin,
wenn ich achtsam bin gegenüber dem,
was wächst im Großen und im Kleinen,
und das geschieht manchmal
mitten in der Betriebsamkeit des Alltags.

Ich fühle mich der Mitte nahe,
wenn mich Vertrauen ins Leben begleitet
und ich spüre,
dass ich von einer positiven Kraft geführt werde.
Ich erkenne,
dass ich wesentliche Lebenserfahrungen
nur als Geschenk bekommen
und nicht erkaufen und erleisten kann.

Mitte hat zu tun
mit einer gesunden Spannung
zwischen Tun und Lassen.
Zuweilen (be-)drängt sie mich hartnäckig
zu Engagement und Widerstand.
Die Mitte hält beides zusammen –
meinen Drang, mich einzumischen
und etwas zu unternehmen
und den Wunsch nach Rückzug
und Besinnung.

*Bruno Dörig*

# Mit dem Wunder vor Augen

ein Augenblick Stille
im Pulsschlag des Herzens
ein Bild aus Träumen
lebendig vor Augen

Altes darf gehen
ich lasse los
Neues darf werden
ich fange an

mit der Stille im Herzen
mit dem Bild aus Träumen
gehe ich weiter
Neuem entgegen

mit nichts in den Händen
als einer Hoffnung
mit dem Wunder vor Augen

ein Kind in der Krippe
ein Stern in der Nacht
eine Rose im Schnee

*Katharina Seibert*

# Heilige Nacht

Still soll es werden
Ganz still
Dass ich lerne hinzuhören
Auf das Leise und das Ungesagte

Warm soll es werden
Ganz warm
Dass ich spüren kann
Wie es ist
Lebendig zu sein und zu leben

Dunkel soll es werden
Ganz dunkel
Dass ich erkennen kann
Was es bedeutet
Sich nach dem Licht zu sehnen

Nacht soll es werden
Heilige Nacht
Mit Sternenklang und Wunderschein
Mit Zauberlicht und Wahrheitsfunkeln

Heilige Nacht
Soll es werden
Dass ich erfahren darf
Was es heißt
Zu erwachen

*Diana zu Waldburg-Zeil*

## Im Gleichgewicht

Was draußen geschieht, wird von innen her gelenkt
und beurteilt; das Innere wird von draußen her
gerufen, geweckt, gespeist.
Wenn wir uns fragen, welcher Mensch in dieser
Hinsicht als wohlgeschaffen anzusehen sei,
dann lautet die Antwort:
der, in dessen Leben diese beiden Pole im richtigen
Verhältnis zur Auswirkung kommen;
der sich weder draußen verliert noch drinnen
verspinnt;
in dessen Leben vielmehr die beiden Bereiche im
Gleichgewicht einander wechselseitig bestimmen
und vollenden.
In unserer durchschnittlichen Wirklichkeit ist es
aber anders. Darin haben die Dinge des äußeren
Lebens eine gewaltige Übermacht.

*Romano Guardini*

# Mit Herz und Verstand

Mit Herz und Verstand begreifen,
was um uns geschieht,
was in uns geschieht
mit unserer Angst, im Großen und im Kleinen,
mit der Hoffnung, mit den Plänen und Träumen,
mit den Enttäuschungen und Rückschlägen.

Im Kopf und im Herzen erwägen,
was aus der Tiefe kommt
als Bedrohung und Verderbnis,
als Geschenk und Verheißung.

Mit Herz und Verstand erahnen,
was heil macht und ganz,
was stark macht und mutig –

wenn unsere Hände
mit bunten Stiften einen Weg suchen
im Universum des Mandalas,
vom Rand zur Mitte
und von der Mitte zum Rand.

*Bruno Dörig*

# Dem Stern vertrauen

Unterwegs bleiben
dem Ziel entgegen
mit dem Glauben der uns leitet
mit der Hoffnung die uns stärkt
und der Liebe die uns trägt

Unterwegs bleiben
trotz vieler Zweifel
trotz vieler Mühen
trotz vieler Widerstände

Unterwegs bleiben
dem Stern folgen
immer wieder still werden
und ehrfürchtig danken
für das Leben.

*Max Feigenwinter*

## Zeit, zu fragen

Finde ich hinter dem Spiegel die Stille?
Was, wenn das Lichterblinken noch
durch die geschlossenen Augen zwinkert?
Und ist Weihnachten überhaupt dort,
wo es nur laut ist?

Warum bin ich?
Und wo?
Wer bin ich
und weshalb?

Still trete ich an die Krippe
staune

und ahne …

*Cornelia Elke Schray*

## Eintauchen

Und es ist nicht zu spät, in deine werdenden Tiefen zu tauchen.

*Rainer Maria Rilke*

## Entdeckung

Ich lerne sehen. Ich weiß nicht, woran es liegt,
es geht alles tiefer in mich ein und bleibt nicht an der Stelle stehen,
wo es sonst immer zu Ende war. Ich habe ein Inneres,
von dem ich nicht wusste. Alles geht jetzt dorthin.
Ich weiß nicht, was dort geschieht.

*Rainer Maria Rilke*

## Stille

die stille
müssen wir
in uns tragen

wie das meer
wie den himmel
wie das licht

*Helena Aeschbacher-Sinecká*

## In uns das Licht

In uns das Licht,
verschüttet oft,
erloschen im Wind
unserer Zweifel,
verschluckt vom Dunkel
unserer Angst.
Enthoffnete wir
auf den Feldern
der Nacht
sollen wiederfinden
das Staunen,
sollen wiederfinden
das Licht,
wie uns der Engel
gesagt hat.

*Antje Sabine-Naegeli*

## Vom Licht geführt

woher kommt
das licht

das unsichtbare licht
das nie verlöscht
das uns führt

ist es die hoffnung
ist es die liebe

*Helena Aeschbacher-Sinecká*

## Besonderes Licht

Dieses Licht
ist anders.

Dieses Licht wärmt
tröstet
fängt auf
beglückt.

Dieses Licht
ist Weihnacht.

*Maria Sassin*

## Weihnachten kommt

Weihnachten kommt,
wenn einer
erwartungsvoll zu den Sternen schaut,
wenn zwei
miteinander von Liebe sprechen,
wenn drei
zusammensitzen und ihr Brot teilen,
wenn vier
gemeinsam losgehen und die Krippe suchen,
wenn fünf
mitten in der Nacht auf dem Felde den Engel sehen,
wenn sechs
laut Gloria singen vor dem Stall …

Weihnachten kommt,
wenn alle
die Botschaft verstehen:
Fürchtet euch nicht!

*Ute Latendorf*

## Wunder ahnen

Ein Feuer anzünden
auf freiem Feld

Einen Engel erhoffen
im Zenit der Nacht

Und während wir
sehr leise aneinander lehnen

das Wunder ahnen

*Catrina E. Schneider*

## Freude

Freude
fällt dir heute
vom Himmel
mitten ins Herz;
Gnade der Weihnacht
leuchtet dir auf
in der Heiligen Nacht;
Spuren der Hoffnung
gilt es morgen neu
zu entdecken.

*Christa Spilling-Nöker*

# Neuanfänge wagen

Nimm es an
das Neue in dir, das du
nicht gewollt
nicht gesucht
nicht geschaffen hast

Schütze es
vor den Ängstlichen
und den Zweifelnden
vor den Spöttern und Bequemen
vor den Allwissern und Pedanten

Nimm es an
das Neue in dir
trage Sorge
lass es wachsen
vertraue darauf
dass es zu dir gehört

Nimm es an
sag Ja zu dir

*Max Feigenwinter*

## Reich beschenkt

berührt und beschenkt
kehre ich zurück
in meinen alltag
in mein vertrautes
und gewöhnliches leben
doch ich fühle mich
neu gestärkt und gegründet
das licht des sterns
scheint mein leben zu durchleuchten
ich habe wieder vertrauen gefasst
in die möglichkeiten der liebe
ich fühle mich reich genug
um mich lustvoll zu verschenken
die sehnsucht nach frieden für alle
brennt wieder lebendig in meinem herzen
ich fühle mich ermutigt
verrückte lebensmöglichkeiten zu ergreifen
eine warme freude
pulsiert in mir
ich finde immer wieder grund
halleluja zu singen

*Beate Schlumberger*

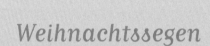

## Weihnachtssegen

möge der Segen
der geweihten Nacht
dir geschenkt werden
damit du nicht stolperst
auf steinigen Wegen
dich nicht verirrst
auf trostlosen Pfaden

möge der Segen
das ganze Jahr bleiben
und dich unbeirrbar führen
hin zu den Wundern
die wachsen und blühen möchten

in dir

*Cornelia Elke Schray*

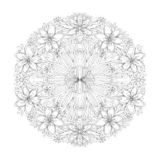

## Geschenk der Stille

Die größten Ereignisse –
das sind nicht unsere lautesten, sondern unsere stillsten Stunden.

*Friedrich Nietzsche*

**Zur Künstlerin:**

**Marielle Enders** studierte visuelle Kommunikation an der FH Düsseldorf. 2002 gründete sie „it'sme design"
und arbeitet seither als selbstständige Grafikerin und Illustratorin für Verlage, Werbeagenturen und Unternehmen.
2012 erweiterte sie ihr Wissensgebiet mit dem Abschluss zur individualpsychologischen Kunsttherapeutin.
Ihre Arbeiten sind eine Verbindung von Design, Kunst und Psychologie und wurden mit zahlreichen Auszeichnungen
prämiert, wie Art Directors Club, red dot und Type Directors Club New York.
Die Künstlerin lebt und arbeitet in Düsseldorf.

Alle Mandalas in diesem Buch sind von Hand gezeichnet.

ISBN 978-3-86917-483-9
© 2016 Verlag am Eschbach der Schwabenverlag AG
Im Alten Rathaus/Hauptstraße 37
D-79427 Eschbach/Markgräflerland
Alle Rechte vorbehalten.

www.verlag-am-eschbach.de

Gestaltung, Satz und Repro: Angelika Kraut, Verlag am Eschbach
Schriftvorlagen: Ulli Wunsch, Wehr
Herstellung: Beltz Bad Langensalza GmbH, Bad Langensalza

Dieser Baum steht für umweltschonende
Ressourcenverwendung, individuelle Handarbeit
und sorgfältige Herstellung.